불안
자기치유

책나무
출판사
시인선
220

불안

자기치유

해우
지음

책나무출판사

목차

1부
을미생 청춘

민들레 · 8 / 갈대-I 갈대의 편지 · 9 / 갈대-II 갈대와 바람 · 10 /

바다와 하늘 · 12 / 초저녁달 · 14 / 가로등 · 16 / 간월암 · 17 /

당구 치는 사나이 · 18 / 눈이 내리다 · 19 / 자유로 · 20 /

바람-I 바람이 분다 · 21 / 바람-II 욕망의 바람 · 22 /

계절의 문지기 · 24 / 김밥 할머니 · 26 / 아침 햇살 · 27 / 봄 · 28 /

연주암 · 29 / 을미생의 유월 · 30 / 한강에서 · 31 / 아내의 꿈속 · 32 /

풀꽃 · 34 / 가을 식탁 · 35 / 귤피차 · 36 / 꽃향기 · 37 /

꽃샘추위 · 38 / 나는 지금 가을 · 39 / 나무 · 40 / 나무와 구름 · 41 /

달빛 친구 · 42 / 빛 · 43 / 영산홍 · 44 / 커피 향에 취하여 · 45 /

어느 가을날의 퇴근길 · 46 / 사랑 · 47

2부
공황/불안

돌에게 · 50 / 내 안의 타인 · 51 / 절망의 변 · 52 /

상처 · 53 / 공황-I 공포의 엄습 · 54 / 공황-II 극한의 초조함 · 58 /

공황-III 시간의 감옥 · 61 / 공황-IV 나는 참 좋은 놈 · 66 /

혼란 · 70 / 울고 싶은 밤 · 72 / 흐린 봄날 · 76 /

낙엽-I 낙엽이 날다 · 78 / 낙엽-II 오래된 낙엽 · 80 / 불안 · 81 /
사는 것이 그러하니 · 82 / 모퉁이를 돌다 · 83 / 소나기 · 84 /
손 · 85 / 비가 옵니다 · 86 / 노을 · 88 / 독감 · 89 /
공은 바닥을 쳐야 튀어오른다 · 90

3부
결핍, 그 온전함

문장대 · 92 / 밤 · 94 / 아버지-I 그리운 아버지 · 95 /
아버지-II 아버지의 분노 · 96 / 과천 둘레길 · 98 / 새벽 출근 · 100 /
어머니-I 어머니 된장국 · 102 / 어머니-II 그리움 · 104 /
어머니-III 불효 · 105 / 어머니-IV 동백꽃 · 106 / 텅 빈 집 · 108 /
대형운전면허시험 · 110 / 장미 · 113 / 교차로 · 114 /
결핍, 그 온전함 · 116 / 우물과 나 · 118 / 호명산 · 120 / 허가 · 121 /
퇴근 · 122 / 퇴직 첫날 · 123 / 숲-I 숲과 나무 · 124 /
숲-II 어머니의 숲 · 125 / 숲-III 숲에서 나를 보다 · 126 / 살아 있음 · 128 /
앞날 · 129 / 잠 · 130 / 전사처럼 · 131 / 오늘 · 132 / 하늘 · 133 / 행복 · 134

4부
약속

드러머 · 136 / 약속 · 139 / 만다라 · 144 / 배신 · 147

1부

을미생 청춘

민들레

겨우내 메마른 풀잎이
너부러진 골목길 한편.
막 피어난 민들레꽃 몇 송이
그 노란 꽃이 눈부시게 곱다.
예순네 번째 만나는 봄이다.

갈대- I
갈대의 편지

갈대로부터
편지가 왔다.
가을이 왔단다.
소슬바람에 갈대들이
연인처럼
이리저리 돌아눕는다.
사랑의 속삭임이
갈대꽃의 파도를 타고
사방에 가득하니
나 또한
어쩔 수 없는
가을과 연인.

갈대-II
갈대와 바람

바람!
어디서 와서 나를 이렇게 흔드노
너는 나를 마구 흔든다고 생각하지만
나는 흔들리면서 흥이 나는 가을의 멋쟁이

바람!
너는 나를 만나서 춤추는 갈대가 되었다.

갈대, 바람!
우리는 가을의 창조자.

인간!
바람과 함께 속삭이는 갈대의 언어를
우리는 결코 이해하지 못하지만
그냥 보고만 있어도 멋스러움에 취해버리니
몇 줄의 언어로는 결코 표현하지 못한다.

인간들은 절대 흉내 내지 못하는
갈대와 바람의 우아한 춤사위.
깊은 가을의 그윽한 무대.

바다와 하늘

너무 적막해 무서운 바다, 너무 넓어서 불안한 하늘
바다 위에 흰 줄을 그으며 달리는 배
그 위 넓고 높은 하늘에
가는 구름을 뱉으며 나르는 제트기
서로 갈 길을 가지만 둘로 보이지 않는 둘
결코, 다투지 않는 바다와 하늘.

작은 바람이 불어도 기꺼이 물결치는 바다.
폭풍이 하늘과 바다를 뒤집어 놓아도
절대 서로를 침범하지 않는 결단코 하나인 둘
아주 오래전부터 나누어져 있었지만
서로 다름을 느끼지 않았던 바다와 하늘
너무 커 무섭고 불안한 바다와 하늘이지만
작은 바위에도 부서지는 파도.
그 깊은 곳에 아름다운 산호초와 물고기들
하늘에서 날지만 바다와 함께 있는 갈매기들.

그들의 내력을 알면 그 거대한 숭고함의 내면에
반짝이는 모래알, 새털구름같이
아주 섬세한 아름다움이 있는 바다와 하늘.

초저녁달

땅거미 몰려오는 초저녁 하늘에
부드러운 솜털 같은 둥근달이
말없이 우리를 내려다본다.
오늘도 초저녁달은 지척에서
우리의 밤을 지키러 왔느니.
너무나 멀리 있지만 결코 낯설지 않고,
단 한 번도 가보지 않았지만
누구에게나 영혼으로 교감하는 달.
아득히 먼 옛날부터 늘 거기에 있었지만,
시간이 수없는 영겁을 되풀이해도
영원한 진리처럼 변함 없는 달.
이 세상의 모든 인류가
어느 시간, 어느 장소에서 보아도
헤아릴 수 없는 각각의 모습으로
노래하게 하고
춤추게 하고

사색하게 하는
그로 인하여 인류가 성숙해 가는
선한 성자 같은 초저녁달.

가로등

깊은 밤길을 밝히는 가로등.
항상 고개 숙인
겸손한 가로등.

어두운 미망에 고뇌하는
인간에 대한 연민으로
세상 아래로 굽어 살피며
지혜의 빛을 밝히는 가로등.

어둠에서만 존재를 나타내며
미혹에 빠진
인간의 길을 안내하는
착한 빛 가로등.

간월암

간월암에 왔다.
한없이 넓은 바다 내음이
내 가슴을 상쾌하게 자극한다.
어느덧 해는 뉘엿뉘엿…
하루가 아쉬운 듯
저 넓은 하늘과 바다는
사람들의 마음속까지
온통 붉은 노을로 물들이며
수평선 아래로 가라앉고 있다.
다시는 돌아오지 않을
나의 하루는 간월암에서
이렇게 물러가고 있다.
세상에 그 무엇도
한자리에 머물러 있지 않으니
내가 쌓은 돌탑을 두고
나도 이 자리를 떠나야겠다.

당구 치는 사나이

큐대를 든 사나이
당구대 주변을 무림의 고수처럼 움직인다.
여유로워 보이지만 눈빛은 날카롭다.
큐대는 먹이를 향해 은밀하고 신속하게
움직이는 표범과 같다.
수구는 명령을 기다렸다는 듯이
비장한 각오로 녹색 필드에 몸을 던진다.
수구의 숨 막히는 움직임이 이어진다.
스리쿠션!
마침내 성공이다.
구경꾼 중 누군가 '게임 끝' 하고 소리친다.
승리한 자와 패배한 자, 모두에게서
인간사의 즐거움을 읽는다.
삶의 희열이 진하게 묻어나온다.

눈이 내리다

십이월 초하루 눈이 내린다.
너풀너풀 사뿐사뿐
하늘 밑 온 세상에 눈이 날린다.
지금, 내 마음은 눈송이 되어
저 넓은 하늘에서 춤을 추느니
사랑하는 사람이 떠오르고
잊었던 추억이 떠오른다.
세상이 이처럼 평화롭기를…
세상이 이처럼 깨끗하기를…
내 남은 인생,
몇 번의 겨울을 맞이하든
몇 번의 첫눈을 맞이하든
작품을 잉태한 흰 캔버스처럼
더없이 넉넉한 순백의 대지처럼
모든 가능성으로 살아보고 싶다.

자유로

가느다란 바람이
메말라가는 풀잎을 힘겹게 흔드는,
초겨울 자유로의 회색빛 풍경이
차창 가로 지나간다.
잠시 차를 세우고,
꺾인 희망처럼 쓰러진 풀잎을 바로 세우며
임진강 너머를 바라본다.
반세기를 훌쩍 넘은 긴 세월을
홀로 지내온 고독한 강변,
가슴 저미게 그립고 가보고 싶은 저 땅.
내 나이보다 더 오랜 세월을 지내온
갈색 철망의 인고를 본다.
헤어지면 다시는 사랑하면 안 되는
연인처럼 돌아서 있는 두 땅,
아무리 달려도 결코 그대와 만날 수 없는
평행선의 자유로를 다시 달린다.

바람- I
바람이 분다

바람이 분다.
숲이 꿈틀거린다.
회색 하늘이 내려온다.
어머니의 고된 세월 같은
땅 위로 바람이 불고 비가 내린다.
나뭇가지 끝, 까치 깃털이 흔들리고
내 마음이 흔들리고
모든 것이 눈물 젖듯 비에 젖는다.
기쁨은 한순간에 지나가고
슬픔은 언제나 우리에게
친숙한 동반자.
침묵의 창 넘어
슬픔, 두려움, 기쁨, 사랑과 미움 그리고
온갖 人間事의 세월처럼
비가 내리고 바람이 분다.

바람-II
욕망의 바람

바람이 분다. 풀잎들이 드러눕고 산이 운다.
낯선 하늘이 땅 위로 내려와 드러누웠다.
온몸으로 바람에 맞서보지만 역부족이다.
어디 하나 잡을 곳 없다.

도대체 난 무엇을 할 수 있는가?
모든 것이 의미 없는 몸부림이던가?
이제, 일체의 의지를 그만두고
흔들리면 흔들리는 대로
이 상황을 있는 그대로 맞이해 본다.

가만히 눈을 감고,
나의 의식은 들숨을 따라
내 마음의 깊은 곳으로 간다.
아무것에도 의지하지 않아도
결코 흔들리지 않는

나의 참 영혼이 있음을 본다.
요동치며 지나가는 바람은
한낱 잡스러운 욕망이었다.

계절의 문지기

뚜뚜 뚜룩 뚜루룩
우산을 때리는 빗소리
가을이 오는 신호.
강아지풀이 조금씩 바래가고
가로수 은행잎은 마지막 녹색 향을
숨 가쁘게 뱉어낸다.
비에 씻긴 상쾌한 공기를 마시며
강아지풀을 지나고
은행나무를 지나고
촉촉이 젖어가는 보도블록을
하나하나 세어가며 걷는다.
열정의 한여름이 멈칫하는 오늘.
계절은 사라지는 것이 아니라
성숙을 위해 세월에 쌓여 가는 것.
비와 우산, 상쾌한 공기
강아지풀과 단풍나무

보도블록과 나의 발걸음.
이 모두 설렘의 가을을 열어주는
계절의 문지기들.

김밥 할머니

아직 가로등이 꺼지지 않은
이른 새벽 지하철 입구
김밥 장수 할머니 시선이
출근하는 나를 자꾸 따라온다.
두어 번 멈칫거리다 되돌아와
김밥 두 줄을 산다.
바구니를 들여다보니 내가 첫 마수다.
더 팔아주지 못한 것이 왠지 미안하다.
할머니도, 나도
오늘 하루 무탈하기를

아침 햇살

아침 커튼을 젖히니
햇살이 방 안 가득 들어온다.
하루를 시작하는 나는
분주히 움직이지만
아침 햇살은 언제나 그렇듯
있는 듯 없는 듯 조용할 뿐이다.
서두르지도 않고
재촉하지도 않고
결코 요란스럽게 시작하지 않음에도
누운 풀잎 같은
어둠에 쓰러진 것들을 일어나게 하는
모든 숨죽였던 것들을 숨 쉬게 하는
아침 햇살
그 소리 없음의
아름다운 시작.

봄

추위는 어느새 저만치 물러가고
햇빛이 유난히 눈부신 이른 봄
어디론가 훌쩍 떠나고 싶은 봄
사랑에 흠뻑 젖어보고 싶은 봄
아침마다 설렘으로 눈을 뜨는 봄
그러나 이 화사한 봄날에도
절망에 빠진 사람이 있느니
지금 이 순간 후회 없이
열심히 살아가라
그렇지 않으면 이 봄은
결코 당신 것이 될 수 없다.

연주암

관악산 연주암에 올랐다.
하늘 한가운데서 뭐하노?
세상 아래 내려다보며 무슨 생각 하노?
바람이 찾아와 처마 밑 풍경을 쓰다듬으니
풍경 소리, 하늘로 아름답게 퍼지네.
바위 끝에서 크게 심호흡하며
온갖 시름 하늘로 날려 보내니
내 마음은 지금 파란 하늘에
그림처럼 떠 있는
흰 송이구름 위에 있다.

을미생의 유월

진달래 잔상은 아직도 선명한데
유월의 서투른 여름 햇살이
나의 살갗을 연신 쪼아댄다.
진달래 미련에 산자락을 보니
진달래 시든지 한참 지났네,
기억 속 그 향기는
낡은 편지 내음처럼 깊어만 간다.
지나간 청춘 같은
봄을 향한 그리움은
나를 우울하게 하지만
이 유월은 내가 난생처음 맞이하고
단 한 번 지나가고
다시는 오지 않는 계절.
지금 난
또 한 번의 열정 앞에 선
가슴 설레는 乙未생 청춘.

한강에서

발밑에 한강이 흐르고 있다.
어제도 그제도
단군 할아버지 시절에도
한강이 쉬지 않고 흘렀다.
인간의 심장보다 더 부지런하다.
나의 조상도, 나의 후손도
이 자리에서 변함없는
한강을 보았고 볼 것이다.
하지만 단 한 사람도
같은 강물을 보지 못한다.
강물은 절대 한곳에 머물지 않고
돌아가지도, 돌아오지도 않는다.
오직 내가 여기 있는
소중한 찰나만
존재할 뿐이다.

아내의 꿈속

아내가 내 옆에서 자고 있다.
오늘 하루도 고단했나 보다.
깊은 잠에 빠져있다.
어떤 꿈을 꾸고 있을까?
창가 가로등 불빛에
비치는 아내의 입술에
살짝 뽀뽀를 해본다.
아내는 잠결에 파리 쫓듯이
손사래를 치며 돌아눕는다.

아내의 꿈속은 어떤 세상일까?
행복한 세상이길 빌어본다.
다시 아내의 얼굴을
가만히 들여다본다.
마음속으로 사랑한다고 말해본다.
아내는 나를 향해

다시 돌아누우며
모나리자 같은 미소를 짓는다.
꿈속에 내가 있나 보다.

풀꽃

길가에 핀 이름 모를 작은 풀꽃,
아무도 보아주지 않지만 홀로 예쁘게 피어있다.
누가 그에게 너 참 예쁘구나.
말해 주지 않아도 그는 여전히 꽃이고
그는 여전히 예쁘다.
왜냐하면 꽃은 자신을 사랑하기 때문이다.
그렇지 않으면 저렇게 예쁠 수가 없을 것이다.
외로워 보이거나 약해 보이는 것은
꽃을 바라보는 자가 스스로 그렇기 때문,
자신을 사랑하지 않으면 누구도 저 꽃 같은
삶이 될 수 없을 것이다.

가을 식탁

가을 식탁에 앉습니다.
내 나이와 함께
익어가는 계절이
정숙한 자태로
차려져 있습니다.
오늘, 당신과 이렇게 마주하니
남은 시간이 적을수록
삶이 더욱 풍요로워짐을
알게 합니다.

귤피차

귤피차 그윽한 향기가
온몸으로 퍼진다.
나의 육십여 년 삶이
귤피차 향기 되어
사랑에 빠진 이의 속삭임 되어
가슴속 깊숙이 스며드노니
오늘 밤, 그대의 향기에 젖어
세상사 시름 다 잊고
눈물겹도록 행복해지고 싶다.

꽃향기

꽃잎을 휘젓고 가는 바람
그로 하여금
꽃들이 쓰러지지만
꽃들은 흔들리면서
더 많은 향기를 내뿜는다.
그것이 흔들리고 쓰러지고
일어나는 값진 의미.

꽃샘추위

사월의 찬 공기가 안간힘으로 버틴다.
버텨 본들 이미 무뎌지고 힘을 잃은 겨울,
그렇게 맹추위로 천하를 휘어잡던 계절은
한낱 여리고 작은 봄의 새싹들에게
자리를 내어주고 퇴장해야 할 참이다.

나는 지금 가을

이른 새벽 창을 여니
상큼한 가을 공기가
방 안으로 가득 들어옵니다.
한숨을 크게 들이쉬니
사랑하는 이의 내음처럼
그리운 시절의 추억처럼
나의 심장과 핏줄을 돌아
온몸으로 가득 스며듭니다.
난 지금 가을입니다.

나무

돌아다니지 않아도
사방에 있다.
세상의 움직이는 것들을
숨 쉬게 하면서도
나불대지 않는다.
늘 조용히 있어도
그들의 의미를
우리는 알고 있다.
기꺼이 내어 줄수록
더욱 풍성해지는
나무

나무와 구름

먼 길을 가는 구름이
나무 위로 지나치니,
나무가 오늘 저녁
내게서 쉬어가라 하네,
하지만
구름이 말합니다.
저는 한순간도 멈출 수가 없어요.
때로는 구름처럼 멈추지 않다가도
때로는 나무처럼 꿋꿋이 멈추어
있고 싶어라.

달빛 친구

깊은 밤, 창틈으로
달빛이 들어와 그림처럼
책상 위에 앉는다.
우린 밤새 친구 되어
꿈 같은 대화를 한다.
달빛은 세상의 창가에서
세레나데를 부른다.
달빛과 나의 세상은
행복을 잉태한 시간

빛

아침 유리창으로
들어오는 따스한 빛.
어디에서 온 빛인가?
어디 갔다 온 빛인가?
생각해 보면
빛은 어디에나 있다.
출발도 도착도 한곳이고
간 것도 아니고
온 것도 아니다.
그 빛은 우리 마음속에
항상 있는
따스한 어머니 품.

영산홍

강렬하지만
요란하지 않은
화려하면서도
정숙한
아름다운 영산홍.
말하지 않아도
자신의 모든 것을
말하고 있는
영산홍.
나도
그대처럼
살고 싶다.

커피 향에 취하여

한 모금
커피 향을 느끼며
당신을 마주합니다.
당신의 눈빛 사이로
진한 커피 향기가
아지랑이처럼
피어오릅니다.
커피 향에 반하여
가만히
눈을 감으니
당신은 이미
내 안에 자리 잡은
연인의 향기.

어느 가을날의 퇴근길

퇴근길 무거운 발걸음이
가을의 중턱을 넘어섰다.
줄지어 늘어선 은행나무들이
노란색 얼굴을 내밀며
한 바탕 잔치 준비를 한다.
어느덧 집으로 향하는 골목길
그 안에도 가을의 정취가 가득한데,
어느 집에선가 은근히 퍼지는
가을처럼 농익은 된장국 냄새가
나의 코끝을 자극하니
집으로 향하는
허기진 발걸음을 재촉한다.

사랑

밤이 깊었다.
아내의 살갗을 느낀다.
사랑에 빠져든다.

2부

공황/불안

돌에게

너는 누구에게
던져졌느냐?
다음, 네가 할 일은?
또 누군가가 던질 때까지
기다릴 것이냐?
짓밟힐 것이냐?
꿈꾸고 갈망하라.
아프더라도
멈추지 말고
열심히 뒹굴어라
다듬어져라.

내 안의 타인

나의 불안은 내 안의 타인.
억누를수록 발버둥 치는
내 안의 또 다른 나.
따뜻한 가슴으로
칭얼대는 아기처럼
가만히 보듬어 안으면
어느새 얌전해지는
내 안의 나.

절망의 변

모든 것을 잃어
아무것도 없어도
살아 있음이 희망,
어둠은 빛의 조건,
아무것도 없음이란
채움의 최적의 조건.

상처

상처를
가만히
보듬어
보세요.

상처는
사랑을
원해요.

상처도
행복할
자격이
있어요.

공황- I
공포의 엄습

극도의 불안이 도둑처럼 들어와
순식간에 나의 육신을 덮친다.
길모퉁이에 쓰러지듯 주저앉으며
자낙스 한 알을 입에 넣는다.
그러나 죽을 것 같은 공포는
물러날 줄 모른다.

도대체 어디서 오는지
그 실체가 무엇인지 모른 채,
백만 볼트 전압에 걸려든 듯
온몸의 모든 세포 하나하나가
견디기 힘든 경련을 일으킨다.
지금 나의 정신과 육신은
말로 형용할 수 없는 공포로부터
테러당하고 있다.

진공상태에 있는 듯 숨쉬기가 어렵다.
공포에 휩싸인 심장은
곧 폭발할 듯 마구 뛴다.
천길 지옥에 떨어지는
죽음 같은 공포에 빨려든다.

무엇인지 알 수 없는 것이
무섭고 또 무섭다.
기운이 남김없이 빠져나가
마침내 남은 것이라곤
더러운 거적때기 같은 육신뿐,

식은땀에 온몸이 젖고
내 정신은 아득한 허공에서
맨드라미 홀씨보다
더 가볍게 흔들이고 흩어진다.

한 올 씨줄처럼
남은 가느다란 의식으로 안간힘을 다해
일어나보려고 애쓰지만 소용없다.

길모퉁이 바닥에 의미 없이 존재하는
뒹구는 낙엽, 짓밟힌 담배꽁초조차
견딜 수 없는 공포로 다가와
텅 빈 나의 영혼을 조롱한다.

사랑하는 가족, 친구,
어머니의 따스한 손,
보고 싶은 아버지,
아직도 너무나 가보고 싶은
아름다운 풍경도
흐릿하고 자욱한 안개 속으로
한없이 휘말려 들어가 사라진다.

어떤 소리도 어떤 냄새도
어떤 존재도 그 어떤 기억도
산산조각 파편이 되어
소용돌이치며 흩어져
공기도 없고 빛도 없는 곳으로
아득하고 아득하게 멀어져 가니
견딜 수 없구나.
견딜 수 없구나.

죽음 같은 불안이지만
결코 죽지 않는
죽음 앞에 선 느낌이
이보다는 나으리라.

공황-II
극한의 초조함

사람들이 일터로 나가고,
시간이 멈춘 것 같은
텅 빈 빌라촌의 적막한 한낮,
태양은 중천에서 침묵하며 졸고 있다.

적막한 동내 골목길에
길고양이 어디론가 달리고
박스 줍는 할머니의 낡은 유모차는
아직 텅 빈 채로 끌려가고 있다.

병가를 내어 집에 있으면서
이 조용한 날에 혼자 거실에서
초인이 되는 백일몽을 꾸지만
여전히 이 세상 만물의 의미와
내가 나인 의미가 너무 두렵다.

긴장감과 초조함에 견디지 못하는
온몸의 근육세포들이 짧은 시간을 반복하며
몸서리치는 경련을 일으킨다.
이 느낌은 그 어떤 표현으로도
설명하기 힘들 만큼 강력하다.

단단한 돌 뭉치가 가슴 한가운데
틀어박혀 두 주먹으로 아무리 두들겨도
가슴에 멍만 들 뿐, 돌은 꿈적도 않는다.

답답하다. 너무 답답하다.
물에 빠져 숨을 못 쉬고
허우적거릴 때도 이런 기분일까?

초조함이 극에 달아, 좁은 거실 공간을
수백 번을 돌고 또 돌아본다.

온몸이 땀으로 적셔졌지만
집 안의 공기는 오히려 차갑기만 하다
다리에 힘이 빠졌지만 멈추어지지 않는다.
이 좁은 거실을 아무리 돌고 돌아도
나는 여전히 내가 만든 의식의 공간에서
한 치도 벗어나지 못한다.

대낮 밝은 햇빛은 창밖에서
이런 나를 못 본 체하니
외롭고 슬프고 고통스럽다.
이 벗어날 길 없는 실체가 없는
초조함의 고통이여
당신은 도대체 누구인가?

공황-III
시간의 감옥

파수꾼처럼 힘들게 하루를
지키며 달려왔습니다.
새벽 출근길 지하철을 타고
졸음에 못 이겨 쓰러져가며
직장에 겨우 도착하여
주어진 업무에 파문혀
하루를 보내고 집으로 돌아왔습니다.

붉게 불타던 해가 빛을 잃어가며
마을 너머로 가라앉고
세상은 어둠에 잠식되어 갑니다.
창가 너머 아득한 저 별들은 너무 멀어
마음속에서나 느낄 수 있습니다.

억지로 물에 밥 한 술 말아먹고
쓰러지듯 자리에 눕습니다.

오랫동안 잠이 오지 않아
몸을 이리저리 뒤척입니다.
잠은 오지 않는데
현실은 어디론가 자꾸 달아납니다.
이제 나는 빛도 시간도
소리도 없는 감옥 같은 공간에
갇혀 버렸습니다.

나는 꿈을 꾸지 않습니다.
그렇다고 깨어있지도 않습니다.
형체를 알 수 없는 검은 그림자가
자꾸 쫓아오는데
나도 모르게 도망쳐 갑니다.
그 검은 그림자가 왠지 측은합니다.
안고, 부둥켜안고
같이 울어 주어야 할 것 같지만

자꾸 피해 도망갑니다.
그런 내가 왠지 싫습니다.

나의 정신은 공백의 무중력상태에서
허우적거리며 밤을 지새우지만
시간은 결코 나의 편이 아닙니다.
전자시계의 째깍거림이
끊임없이 신경을 곤두세우게 합니다.
이불의 서걱거리는 소리가
천둥처럼 귀를 때립니다.
냉장고의 모터 소리조차
나의 영혼을 잡아먹습니다.

죽어도 죽지 않는 내가
살아도 살아있지 않는 내가
창가의 희미한 가로등이 밤을 지키는

시간의 철창 속에서
긴긴밤을 지새웁니다.

돌아가신 아버지의 목소리가 들립니다.
일어나라 아들아, 힘내라 아들아,
네가 힘들어하는 모습을 보니
이 아비가 참으로 안타까워 볼 수가 없구나.
왈칵 눈물이 쏟아집니다.
엉엉 소리 내어 울고 싶지만
소리가 나지 않습니다.

아버지! 저는 꿈이 있습니다.
아직도 저는 하고 싶은 일이 많습니다.
이렇게 힘든 영혼을 붙들고 있지만
나의 꿈을 결코 잊지 않고 있습니다.
지금 이렇게 쓰러져 있지만

저는 기어코 일어나겠습니다.

지금 나의 육신과 정신은
불안에 휩싸여 방황하지만
내 영혼의 아주 깊고 깊은
그곳에는 아직도 오염되지 않은
아주 맑고 깨끗한 병들지 않는
제가 있다는 것을 압니다.
저는 그런 저를 찾아가는
여행을 중단하지 않을 것입니다.

지금 내가 겪고 있는 고통은
그 여행의 하찮은 장애물일 뿐입니다.
제가 그곳에 도착해
병들지 않은 나를 발견하면
아버지께서도 무척 기뻐하시겠지요.

공황-IV
나는 참 좋은 놈

책상에 앉아 열심히 업무를 본다.
갑자기 피로와 불안이 뒤섞여
성난 파도처럼 나를 덮친다.
그 엄청난 파도는
나의 모든 것을 삼켜버린다.
안정제 약통을 만지작거리지만
뚜껑을 열 힘이 없다.

거부하면 거부할수록 불안이
나의 심장을 집어삼킬 듯 요동치게 한다.
감당할 수 없는 죽음의 공포에 떨다가
나의 의식은 한 찰나에 사라져 버렸다.

얼마나 시간이 지났을까
누군가 나를 황급히 부르는 소리에
눈을 뜨니, 내가 바닥에 쓰러져 있다.

식은땀에 온몸이 적셔졌고
더 이상 나는 나를 통제할 수 없고
생각하는 것조차 공포를 몰고 오니
몸과 마음은 이미 내 것이 아니다.
반항은 더 이상 무의미하다는 것을
이제야 알았다.

조용히 눈을 감고 실체를 알 수 없는
이 공포에 나의 전부를 맡겨 본다.
손가락 하나 까딱하지 않고 조용히
나를 파도처럼 집어삼키는 불안을
심호흡하며 가만히 느껴본다.
깊이깊이 천천히 호흡하며
나의 의식은 나로부터 한발 물러나
나를 가만히 들여다본다.

불안은 알 수 없는 어디서 온 놈이 아니라
내가 만든 또 다른 나란 놈임을 본다.
불안이란 놈이 나와 하나임을 본다.
내가 발버둥 치면 그놈도 같이 발버둥 치고
내가 조용히 있으면 그놈도 조용해진다.

내가 바로 그놈이고, 그놈이 나인 것이므로
그놈을 쫓아 보내는 것은 불가능하고
무의미한 것을 깨닫는다.
내가 만든 나의 감옥이므로
나는 탈출하는 방법을 진작 알고
있었음을 이제야 알게 된다.

나는 비로소 자유인이 되었다.
이제 불안은 나의 친근한 동반자가 될 것이다.
그놈은 가끔 나를 해코지하려 하지만

그냥 내버려 두면 제풀에 그만둔다.
그놈 땜에 더 이상 흔들지 않을 것이다.

그런데 마법 같은 일이 일어났다.
불안이란 놈과 기막힌 전쟁을 치루는 동안
나의 의식은 엄청나게 성숙해 있었다.
나는 오늘도 친근해진
나의 불안이란 놈과 함께
밤늦게까지 시간 가는 줄 모르고
박사학위 논문을 쓰고 있다.

어제는 병환으로 입원한 어머니에게 갔었다.
어머니께서는 간병인을 보고
'내 아들 참 좋죠?'라고 자랑을 하셨다.
참 듣기가 좋았다.
나는 참 좋은 놈임에 틀림없다.

혼란

생각이 뒤죽박죽이다.
내 생각은 길바닥에 쏟아진
장바구니 물건들처럼 사방으로
흩어져 나뒹군다.

사소한 것도 놓치고 잊어버리고
쉬운 것도 요점을 읽지 못한다.
숟가락을 쥔다면서 젓가락을 쥔다.
길을 나섰는데
비가 와서 다시 집으로 가 우산을 가져온다.
전철을 타러 왔으나 카드도 지갑도
가져오지 않아 다시 가져온다.
정거장을 지나쳐 되돌아갔으나
또 놓치고 되돌아간다.

무엇이 나를 이렇게 혼란스럽게 하는가?

나는 삶이란 수많은 혼란으로부터
시작한다고 생각한다.
아름답고 정돈된 세상은 처음부터 없었다.
혼란스럽다고 불안해하지 말라.
혼란으로부터 시작하여
조금씩 깨닫고
조금씩 완성되어가는 삶.

부지런히 살아가면
어느 때인가 진정으로
삶이 무엇인지
알게 될 것이다.

울고 싶은 밤

설명할 수 없는 슬픔이 있다.
보이지 않는 두려움이 있다.
아무것도 보이지 않는 밤의 어느 곳에서
무엇인가 숨어서 나를 지켜보고 있다.

그 놈은 또 다른 나의 자아임을
나는 진작 알고 있었다.
그놈은 나에게 다가와 나의 따뜻한
품에 안기고 싶어 기회를 엿본다.

그런데 나는 아직 그를 맞이할 용기가 없다.
이렇게 용기 없는 내가 밉다.
이렇게 어둠의 시간은 시계바늘과
달빛 그림자와 함께
느리고 느리게 쉼 없이 흐른다.

지금 나와 함께 있는 것이 무엇이든
지나가면 다시는 돌아오지 않고
지나가면 다시는 만날 수 없고
내일은 여전히 거기에 머물러
결코 오지 않음을 이 밤은 알고 있다.

참 열심히 살아왔지만
주머니에 손을 넣어 보면
겨우 동전 몇 개만 만져지는
허전하고 서글픈 긴긴 이 밤.

하지만 나는 경험으로 알고 있다.
열등감, 슬픔과 두려움으로 고통스러운
어두운 우주 공간 같은 밤일지라도
이를 기꺼이 끌어안고
눈물로 흠뻑 젖어 보아야

이 밤이 지나간다는 것을.

기쁨이란 슬픔의 언덕 너머에서
나를 맞을 준비를 하고 있다는 것을
진작 알고 있었다.
슬픔을 넘지 않고서는
결코 기쁨은 우리를 반겨주지 않음을 알고 있다.
기어서라도, 무릎이 헤어져 고통을 겪더라고
그냥 아파하고, 그냥 슬퍼하고
충분히 고통에 떨고 있으라.

그러면 이 밤은 지나가고
내가 그토록 바라던 평화가
아침과 함께 반드시 올 것이니
슬픔의 언덕 넘어
기쁨의 강이 흐르고 있음을

알게 되리라.
기쁨은 아주 오래전부터
나를 기다리고 있었다는 것을
알게 되리라.

흐린 봄날

벚꽃이 지고 난 어느 봄날
마음속으로 구름이 잔뜩 몰려왔다.
길거리도, 사람도, 건물들도
흐리게 그린 수묵 담채화처럼
회색빛으로 물든 도시는
느리게 움직이고 있다.

그래도 천천히 가자
목적지가 희미하게 보이더라도
서두르지 말고 가자
세상은 내가 품어주어야
비로소 나의 세상이 되는 것.

흐린 하늘이 내 가슴에 들어와 있어도
기꺼이 안아주고 받아주면
사랑할 수 있고 사랑받을 수 있으니

이 흐린 날에도
우린 서로 사랑하므로
비로소 살아갈 수 있으니

낙엽- I
낙엽이 날다

몇 남지 않은 낙엽이 흔들린다.
끈질기게 버티다 별수 없이 떨어진다.
겨울 찬 바람에 낙엽이 홀로 난다.
갈 곳을 모른 채 정처 없이 난다.

마지막 날갯짓하는 늙은 새처럼
쓸쓸히 퇴장하는 패배한 장수처럼
누구에게도 환송받지 못한 채
냉정한 계절의 권력 앞에 홀로 떨어진다.

온 세상에서 환호받던 화려한 기억은
한낱 넘어가버린 낡은 페이지일 뿐.
하지만 낙엽은 패자가 아닌 승자!

무릎을 꿇는 자, 무릎을 꿇리는 자
풍부한 자, 빈한한 자

모두 역사 앞에는 평등함이라.
낙엽은 오고 가는 필연의 역사 앞에서
의연하게 자신의 자리를 내어놓음으로
세상을 더욱 성숙하게 하는 존재이려니

낙엽-II
오래된 낙엽

서리풀 숲속에는
작년에 떨어진 낙엽이 있다.
만지면 그대로 부서지는
아주 오래된 잿빛 낙엽도
길섶에 누워있다.

그 위로 새로운 낙엽들이
내려와 함께 가부좌를 튼다.
그 낙엽들 하나하나는
나고 떨어지고 또 나면서
생멸을 거듭하며 수행하는 낙엽.

어떤 의지도, 분별도 없는
저 낙엽들은
그 자체가 존재의 이치(理致)인
낙엽 부처.

불안

불안이 도둑처럼
내 마음에 들어옵니다.
두려운 마음이지만
따뜻한 물 한잔을 대접하며
정중히 맞이합니다.
떨리는 손이지만
천천히 심호흡하며
마음을 가다듬고
불안을 포근하게 감싸줍니다.
불안은 내 마음을 휘저으러 왔다가
되레 위안받고 있음을 알게 되고
그제야 온순한 어린아이가 됩니다.
그것이 불안이 희망하던 것이었음을
알게 됩니다.

사는 것이 그러하니

사는 것이 그러하니 어쩔 수 없지.
흐르는 물 따라,
부는 바람 따라가며 사는 것이지
순응해도 고통이 뒤따르지
반항해도 고통이 뒤따르지
고통을 피하고 싶은가?
즐거운 삶을 원하는가?
그런 생각들을 놓아 버릴 수는 없는가?

고통과 즐거움은 존재의 근본임을 아는가?
고통과 즐거움은 무엇으로부터 오는 것이 아니라
오직 당신이 그렇다고 생각하므로
비롯됨을 아는가?
매우 어렵다고 생각되겠지만
사는 것이 그러하니 어찌하겠나

모퉁이를 돌다

낯선 길모퉁이를 돈다.
보이지 않지만 간다.
닥쳐올 길의 한계도 모르고
평탄할 길일지도 모르고
진흙탕 길일지도 모르지만
여기 머물러 있을 수는 없다.

구름처럼
바람처럼
머물지 않는 강물처럼
결코 한곳에 머물지 않고
끊임없이 한 발짝 한 발짝
앞으로 닿으며
불안과 용기가 교차하는
낯선 길모퉁이를 돌아가는
우리의 삶.

소나기

천둥소리와 번개와 먹구름이
한순간에 쏟아져 내려와
검은 아스팔트 위에 드러누웠다.
낙엽 부스러기가 빗물과 뒤엉켜
몸부림치며 떠내려간다.
개미, 지렁이, 온갖 곤충들이 애초부터
존재의 의미를 모른 채 살다가
속절없이 떠내려가 사라진다.
만물의 영장으로서 나는 이 현상을
마땅히 견뎌내고 극복해야 하는데
자연의 위력 앞에 무서움을 느낀다.
나는 오늘,
어느 존재와도 다르지 않는
세상 만물과 평등한 존재임을
깨닫게 된다.

손

주머니에 돈이 두둑한 자
당신의 가슴에는 무엇이 두둑한가.
머리에 지식이 가득한 자
당신의 심장은 땀 흘리며 밭을 가는
농부의 심장보다 얼마나 더 뜨거운가.
권력을 쥔 자들이여
당신의 손은 종이 줍는 할머니 손보다
얼마나 더 따뜻한가.

비가 옵니다

비가 옵니다.
하늘이 슬피 웁니다.
본래 사월은 희망의 꽃이 피지만
꽃들이 사라져 버렸습니다.

꽃이 피기도 전에
몽우리째 꺾여버린
아픔이 있는 곳,
그 잔인한 바다 위에
하늘도 함께 울어줍니다.

하늘은
따뜻할 땐 한 없이 자애롭지만
분노할 땐 더 없이 무서운 존재입니다.
하늘은 어디든지 공평합니다.
서로 대립하는 곳이 있어도

비는 골고루 뿌려줍니다.
어느 곳이든 비를 거부하지 않습니다.

그런 비를 느껴보려고
우산을 쓰지 않고 비를 맞아 봅니다.
빗물이 온몸을 적시니
못다 핀 꽃들의
두려움과 울분이 그대로 느껴집니다.
이 비의 의미가 무엇인지
그제야 알게 됩니다.

노을

남김없이 불사르고 사라지는
가슴 시린 여운의 서쪽 하늘.
울어도 눈물 흘리지 않고
웃어도 소리 내지 않았던
치열했던 삶의 현장을 떠나
하루를 남김없이 태우고
기꺼이 사라져가는 붉은 광장.
이렇게 하루의 끝을 장식하며
뜨겁게 식어가는 황홀한 불씨.

독감

정년 퇴임이 한 달 남은 일월.
차가운 바람이 뼛속까지
스미더니 독감에 걸렸다.
올겨울은 특별하기에
부디 아프지 않기를 바랐건만
기어이 혹독한 감기를 치른다.
평생을 몸담았던 교직 생활을
신기루처럼 떠나보낼 아쉬운 채비를 하고
인생의 후반기를 기다리는 삶의 정거장에서
갈아탈 여정을 초조히 기다리는 시간에,
링거를 맞으며 독감이란 놈과 혹독한
겨울을 견디고 있다.
나는 지금 인생 후반기로 가는
마지막 관문을 통과하는
의식을 치르고 있다.

공은 바닥을 쳐야 튀어오른다

공은 튀어 오르기 위해 바닥을 친다.
농구 선수는 공을 골에 넣기 위해
바닥을 몇 번이고 치면서 뛰어오른다.
이때 공은 바닥을 여러 번 칠수록
목표에 정확히 도달한다.

바닥을 칠 때 공은 심하게 일그러진다.
그 일그러짐이 그대로 튀어 오르는 역할을 한다.
당신이 최고의 고통을 겪고 있다고 생각된다면,
당신은 지금부터 바닥을 치는 공처럼
이상을 향해 비상할 준비가 된 셈이다.

그리고 튀어 오르거나
그대로 주저앉거나 하는 것은
전적으로 당신의 결정에 달려있다.
힘들고 고통스러운 삶을 사는
당신을 응원합니다.

3부

결핍, 그 온전함

문장대

문장대 정상에 오르니
세상이 눈 아래 보이고
세상이 모두 내 것처럼 보이고
성취의 기쁨에 가슴 벅차다.

그러나 곧바로 내가 서 있는 땅이
좁디좁은 곳임을 깨닫는다.
갈 곳이 많지 않고 설 곳도 별로 없다.
눈 아래 보이는 세상은 넓고 넓지만
만질 수도, 가질 수도, 발을 디딜 수도 없다.
이 좁은 한 치의 땅에 서려고
그렇게 땀을 흘리며 올라왔나.

다른 정상 도전자로 인해
오래 있지도 못하고 산을 내려간다.
내려갈수록 내가 설 땅이 점점 넓어지고

모든 것이 선명해 보이고 편안해진다.
낮아질수록 땅도 마음도 넓어지고 평화롭다.

진실은 이렇다.
당신은 어느 높이에 있든,
그곳이 목표였다면 당신은 승자

밤

수많은 별을 뿌려놓은 밤하늘
인간이 범할 수 없는
무한대의 시공간.
생성과 소멸, 밤하늘과 별은
한낱 인간만의 관심사.
작은 별 하나조차
인간의 존재에는 무관심.
그러나
너희는 아는가?
인간으로 하여금
비로소
별이 되고
밤하늘이 되었다는 것을…

아버지-Ⅰ
그리운 아버지

시안공원묘지 바위구역에
아버지께서 누워계신다.
교육자로 평생을 사시고
너무나 청렴결백하시던 아버지.
가난과 질병으로 힘든 노년을 보내신
아버지께서 말없이 누워계신다.
밥 한 끼 덜 먹어도
아버지께서 원하시던 것을
하나라도 더 해 드릴 걸
후회가 물밀듯이 밀려온다.
채워도 채워도 채워지지 않는
불효의 돌 화병에 새 조화를 꽂으며
엎드려 눈물로 절을 한다.
보고 싶습니다.
아버지…

아버지-II
아버지의 분노

나의 어린 시절 어느 추운 겨울날
교장으로 근무하시던 아버지 학교의
한 선생님이 오셔서 편지라며
아버지께 전해달라면서 어머니께 주고 가셨다.
저녁에 퇴근한 아버지께서 편지를 보시더니
돈 봉투임을 확인하시고 불같이 화를 내시며
다시 돌려주라 하셨다.
추운 겨울밤, 어머니는 어린 나와 함께
추위에 떨며 어렴풋이 아는
그 선생님의 집을 어렵게 찾아
전해 주고 온 기억이 있다.

내가 교직을 시작한 지 얼마 되지 않은 어느 날
문제를 일으킨 한 학생의 아버지가
담임인 나에게 돈 봉투를 전해주고 갔다.
순식간에 이루어진 일이라

뿌리칠 기회를 놓쳐버렸다.

나는 고민도 하지 않고 자동적으로
돌려주어야 한다고 생각했다.
그래도 얼마인지 궁금하여
돈을 세어보니 구십구만 원이었다.
몇 번을 세어보아도 구십구만 원이었다.
어떻게 돌려줄까 하고 고민을 하다가
일 만원을 보태어 일백만 원을 돌려주었다.
세어보지 않았다면 일만 원을 쓰고 돌려준
치사한 놈이 되었을지도 몰랐다.

그리고 나니 마음이 너무나 편안하였다.
돈 봉투를 돌려주신 아버지께서도
지금 내 마음과 같으셨을 것이다.

과천 둘레길

과천 둘레길을 걷는다.
흙을 밟고 흙냄새를 맡고,
숲길을 걸으며 숲의 기운을 느낀다.
한 걸음 한 걸음 발을 디딜 때마다
나는 살아 있음을 느낀다.

더러는 돌에 걸리고
넝쿨 가시에 찔리지만
맑고 상쾌한 공기 덕분에
아픔은 별거 아니다.

이 길의 목적지는 있지만
목적지를 본 일이 없다.
그래도 믿고 걷는다.
나는 지금 내 삶의 여정을 따라
걸어가는 느낌이다.

내 삶도 목적지는 있지만
목적지를 본 적이 없다.
아마도 도착할 때쯤이면
아름다운 미완의 종착지가
아닐까 생각해 본다.

새벽 출근

새벽 지하철
잠이 덜 깬 사람들이
비몽사몽 헤맨다.
어디로 가서
무슨 일을 하는 사람들일까?
이른 새벽
하루의 신호탄처럼 달리는
지하철의 흔들림에
참기 힘든 졸리는 몸으로
물결처럼 일렁이는 사람들
우리들의 삶의 일상이
한낮 바람에 이는 물결처럼
일렁이다 사라지고 마는
허망함의 연속일지라도
물결은 사라져도 물은 그대로인데
하루가 이같이 시작될지언정

어디엔가 갈 곳이 있고
어디엔가 나를 필요로 하는 곳이 있고
어디엔가 일할 곳이 있으므로
우리는 살아볼 만한 인생.

어머니- I
어머니 된장국

늘 아프시다
늘 걱정이 많으시다
늘 쓰다듬어 주시며
환갑이 넘은 아들에게
아프지 마라
걱정하지 마라
다 잘 될 것이다 하신다.
어머니만 보면
몸도 마음도 편해진다.
어머니의 구십 년 손맛 된장국이
어느 보약보다 효험이 좋다.

어머니 없는 세상은
어떤 세상일까?
얼마나 허전하고 외로울까?
얼마나 보고 싶을까?

오늘도 어머니는
조금씩 늙어 가신다.
내가 늘 업히던
그 넉넉한 등을
이제 내가 업어드려야 한다.
나비처럼 가벼워지신
나비처럼 아름다운 이름
나의 어머니.

어머니-II
그리움

어머니 모시고 아버지 산소에 왔다.
어머니께서는 아버지 산소를
산 사람 쓰다듬듯
이리저리 어루만지시며
여보 보고 싶어요!
너무너무 보고 싶어요!
눈물을 훔치시며 말씀하신다.
아버지 살아생전 병간호하시느라
당신 아플 새 없이
삼십 년 가까이 고생하셨지만
그것이 사랑의 힘이었는지
이제야 알았다.
여보, 조금만 더 기다리세요,
'나도 곧 당신 곁에 가리다' 하신다.

어머니-III
불효

당뇨약, 천식약, 혈압약
밥보다 약을 더 많이 드시는
너무나 연로하신 우리 어머니

중년이 훌쩍 넘고
노년에 들어선 자식들이지만,
아들딸 잘되라고
밤낮으로 기도하시는 어머니
넉넉지 못한 자식들을 보면
두 손을 치며 안타까워하시는 어머니

보고만 있어도 불효가 되는 기분.
눈을 떠도 눈을 감아도
이 세상 끝까지 가는 날까지
어머니 행복해하시는
모습을 보면서 살고 싶다.

어머니-IV
동백꽃

구순의 어머니,
젊었을 때 참으로 미인이셨던 어머니
지금은 옛날의 모습은 어디에도 없고
야위시고, 먹는 것도, 듣는 것도 힘드시다.
오늘 병원에서 십이지장암 말기로 판정받고
항암치료를 하지 않기로 했다.
부득이한 결정이었지만 만감이 교차하고 혼란스러웠다.

어머니는 꽃을 유난히 좋아하신다.
아파트 베란다에는 온갖 종류의 화분이 가득하다.
일편단심, 매일매일 꽃을 돌보는 것이 낙이다.
꽃 하나가 피면, 무슨 꽃이든 손뼉을 치며
감탄을 금하지 못하신다.
올겨울에도 게발선인장, 군자란,
동백꽃이 어머니 마음처럼
베란다 가득 흐드러지게 피었다.

어머니는 손님이 오면,
먼저 꽃을 보여주는 것이 첫인사다.

오늘도 베란다의 꽃들은 어머니의 손길이 필요한데
남은 정거장도 간이역도 없는
어머니의 인생열차가 시간레일을 따라
종착역을 향해 달리고 있다.
아, 그냥 바라만 볼 수밖에 없는 이 자식은
슬픔, 애통, 비애가 이 땅과 하늘, 천지를 메운다.
자연의 이치란 아름답고 위대하지만
오늘은 너무나 매정하고 잔인하다.
집으로 돌아오는 길, 겨울바람이 유난히 차갑다.
돌아오는 봄은 얼마나 따뜻할까?
돌아오는 봄에는 예쁜 꽃이 얼마나 필까?
어머니는 봄의 따뜻함과 예쁜 꽃들을
얼마 동안 더 볼 수 있으실까?

텅 빈 집

아버지 한 참 먼저 가시고
어머니께서 기어이
아버지 곁으로 가셨다.

자식 곁을 떠나는 것이 아쉬워서 인지
처음 가는 길이라 낯설어서 인지
거친 숨을 몰아쉬며 하루를 버티시다
결국 말 한마디 못하시고 가셨다.

어디로, 어느 길로 가시는지
햇빛 밝은 길로 가시는지
안개 자욱한 길로 가시는지
도무지 알 수 없어 너무나 애통하다.

어머니 보내드리고
어머니 계시던 집으로 왔다.

비밀번호를 누르고 현관문을 연다.
우리 아들 왔구나!
어머니께서 반갑게 맞이하신다.
그러나 어머니는 어디에도 없다.
냉장고 문을 열어본다.
내가 오면 항상 주시던
오렌지 주스가 아직도 남아있다.

베란다에는 주인 잃은 유월의 꽃들,
메마른 화분에 겨우 핀
물망초가 혼자 울고 있다.
한 세대가 시간의 뒷켠으로 사라지고
내 삶의 한쪽이 통째로 사라진
아무도 없는 텅 빈 집에서
지독한 그리움과 슬픔을 홀로 삼킨다.

대형운전면허시험

내 나이 예순셋에 1종 대형운전면허 시험에 도전했다.
도전은 항상, 두려움과 가슴 설레는 행복이 함께 있다.
성공과 실패는 전극의 플러스, 마이너스처럼
서로 대치하며 공존하는 것,
그것이 자연의 이치요. 우리의 삶이다.

그래서 실패가 있어야 반대의 극, 성공이 생성된다.
또한 성공을 하면 반대의 극, 실패가 기다린다.
그러나 인간은 그 원리를 깨닫기가 무척 어렵다.

대형면허 실기시험에 여덟 번 떨어졌다.
심한 자괴감으로 시달렸지만 내 인생이 항상 그랬듯이
무엇이든 내가 도전하고자 하는 것은
항상, 일곱번째도 여덟 번째 도 포기하지 않았다.

오늘이 아홉 번째 시험 날이다.

시험이 시작되고, 오늘은 첫 번째로 이름이 불렸다.
45인승 대형 버스 안에 나 홀로 운전대를 잡았다.
텅빈 대형버스 안에는 적막이 감돈다.
누구도 도와주지 않는다.
지금 버스 안은 도전하는 자의 고독한 공간이다.
온 전한 내 능력으로, 나의 능력을 믿으며,
오직 나에게만 의지해야 한다.

시동을 걸고 코스를 열심히 지나갔다.
아슬아슬하게, 쿵쾅 거리는 가슴을 달래며,
삶에 대한 간절한 애착처럼,
합격에 대한 애절한 마음으로 운전을 했고
한순간도 방심하지 않고 목적지에 도달했다.

잠시 정적이 감돌다, 판정 결과가 방송으로 나왔다.
23호 차 합격입니다! 축하합니다!

이 얼마나 기다렸던 소리인가!
대기하고 있던 응시자들이 박수를 치며
'합격의 비결이 무엇이냐?'라는 질문을 쏟아낸다.
그냥 웃음으로 대답한다.
사실은 60점 합격에 60점을 받았다.

실패도 하나의 성과이다.
쌓이면 긍정적 가치를 발휘한다.
작은 일이라도 자꾸 도전하라.
그러면 행복이란 면허가 주어질 것이다.

장미

출근 시간이 촉박하여
택시를 타고 초조하게
연신 시계를 본다.
그런데 택시 기사께서
느닷없이 하는 말,
'장미꽃이 참 예쁘네요!'
깜짝 놀라, 차창 밖을 보니
지나치는 길가에
장미꽃이 활짝 피어있다.
정말 예쁘다.
너무너무 예쁘다.
그 순간, 내 마음에도
장미꽃이 활짝 피었다.
이제 시계를 보지 않는다.
초조하지도 않다.
기사님 고맙습니다.

교차로

6층 창가에서 교차로를 내려다본다.
사람들이 교차로에서 신호를 기다린다.
파란불이 켜지자 건너편을 향하여 일제히 움직인다.
중간지점에 다다르자 양측 사람들이
한 명도 부딪히지 않고, 다툼도 없이
두 개의 세포가 융합하듯 하나의 군중이 된다.
그리고 세포 분열하듯 서서히 분리되기 시작한다.
뒤도 돌아보지 않고 서로의 갈 길을 간다.
높은 곳에서 본 교차로의 풍경이다.

교차로에 이런 놀라운 질서가 있음을 보았다.
보는 위치에 따라 달라지는 자연의 질서와 같다.
질서의 수준이 높을수록
자연의 법칙과 가까워지기 마련이다.
우리 사회의 모든 곳에
자연법칙과 같은 질서가 있다면

얼마나 좋을까 하고 생각해 본다.

지금 내가 와 있는 이 자리는
삶의 길에서 파란불이 켜졌을 때 지나 왔는가?
걸어 올 때 갈등과 다툼은 없었는가?
교차로의 청신호에 따라 한 방향으로 걸어가듯,
개울이 낮은 곳으로 자연스럽게 흘러가듯,
나도 자연의 질서에 따라,
저 교차로의 사람들처럼
삶을 한 방향으로 걸어왔는가?

결핍, 그 온전함

그릇은 처음에는 비어있었다.
인간이 세상에 태어남은
처음 구워진 빈 그릇과 같은 것.
그래서 삶이란 끊임없이
채워나가는 여정이던가?

그래서 결핍으로 시작하여
죽는 날까지
아쉬움과 후회로
끝나는 여정이던가?

하지만 삶의 빈 그릇은
빈 그릇 자체로 처음부터 온전하였으니,
그릇은 처음부터
채우기 위함이 아니었으므로
아무리 채워도 충분하지 않는 것은

당연한 일이라.

채우기 위한 비법도 없었고
비어 있음이 결핍을 의미하지도 않았다.
아쉬워하지 않고, 후회하지 않는 비법도
처음부터 없었다.

인생도 처음부터 아무것도
소유하지 않은 채 태어났어도
빈 그릇처럼 처음부터 온전하였으므로

모든 것을 비워도 온전함이요
조금만 채워져도 행복함이요
조금만 사랑해도 행복함이요
가끔은 비워내기를 해야 하는 삶이여
결핍! 후회! 그 온전함에 대하여…

우물과 나

여행길에서 한 우물을 만났다.
우물이 매우 깊어 그 밑이 보이지 않는다.
줄이 긴 두레박으로 물을 떠 마셨다.
물맛은 어떤 청량음료와도 비교가 되지 않을 만큼
나의 피곤한 몸을 시원하게 적셔주었다.
사람 마음은 아주 깊은 우물과 같다.
우물 가장 깊은 곳에 청정한 물이 있듯이
사람의 마음 깊은 곳에는
때 묻지 않은 청정한 자기가 있다.
그 자기는 무한한 가능성을 가진 나이다.
진정한 자신을 찾는다는 것은
내면의 참 자기를 찾는 탐험의 여정.
그러나 깊은 우물의 통로에는 온갖 장애로 가득하다.
어떤 곳은 금은보화를 주며 그만 가라고 유혹한다.
어떤 곳은 권력을 주며 그만 가라고 유혹한다.
쾌락과 게으름이란 괴물은 애당초 입구에 자리 잡았다.

그래서 탐험을 시작하자마자 삶을 끝장내는 사람도 있다.

탐험의 최종 목적지에는 참 자기가 기다리고 있다.

마지막까지 탐험을 성공하는 자는

온갖 장애물을 극복하여 참 자기를 만난 사람이다.

호명산

호명산 숲을 아내와 걷는다.
투명하고 청량한 공기가 가득하니
내 몸과 마음도 청명하다.
숲은 나무, 땅, 공기, 풀,
돌들의 분별없는 전체.
아무리 복잡해도
어떠한 갈등과 혼란도 없는 하나.
복잡하게 엉킨 나무뿌리를
밟고 걸어가지만, 나무의 강한 생명력은
수없이 밟힌 뿌리에 있는 상처의 결과.
이 숭고한 아름다움의 숲에서
나도 아내도 지금은 이 전체의 일부.
아내와 나는 지나간 상처를 떠올리며
돌출된 거대한 소나무 뿌리를 밟으며
천천히 걷는다.
지금 우리는 숲과 경계가 없다.

허가

어둠이 내리는 귀갓길, 발걸음이 무겁다.
구름이 잔뜩 하늘을 덮고 도시를 짓누른다.
지금 도시는 아주 오래된 빛바랜 사진.
구름 너머 갇힌 해는 제구실을 못 하고
사람과 사물들은 퇴근길 이정표 같은 그림자를 잃었다.
급기야 구름은 내 마음속에 꽉 차고
갈 길이 한참인 발걸음을 더욱 무겁게 한다.
지금 내가 가는 곳은 어디인가?
너무 멀지는 않은가? 너무 높지는 않은가?
그 거리가, 그 높이가 내 마음속 구름은 아닌가?
지금 이곳이면 어떻고, 더 낮은 자리면 어떤가?
내 마음속 구름은 내 스스로 그렇다고 생각했기 때문,
그 생각을 놓아 줄 것을 스스로에게 허가한다.
그러면 내 마음은 저 하늘에 해가 드러난 것보다
더 밝아지려니, 발걸음도 가벼워지려니
구름 가린 풍경도 한 폭의 아름다운 수채화가 되리라

퇴근

걷고
버스를 타고
전철을 갈아타고
퇴근을 한다.
마음은 이미 집에 있지만
아직 갈 길은 멀고
몸은 쓰러질 듯 피곤하다.
무거운 발을
내려다본다.
내 마음과 달리
발은
한 걸음
한 걸음
멈추지 않는다.

퇴직 첫날

아침 식탁 위에
따스한 흰쌀밥 한 공기
된장국 냄새가 구수하다.
아내는 출근하고 없다.
베란다로 들어온 햇빛은
거실 한쪽에 자리 잡고
강아지가 햇빛 쪼이며 졸고 있고
TV는 혼자서 주절거리고 있다.
거실을 한 바퀴 둘러본다.
새로운 계획들을 적어 놓은
온갖 메모들이 책상 앞에
어지럽게 붙어있다.
자세히 보니 순서도 적혀있다.
드디어 인생 2막이 시작되나 보다.
가슴 설레는 퇴직 첫날이다.

숲- I
숲과 나무

각각의 자리에서
서로 시기하지 않고
침범하지 않는 숲속의 나무.
시끄럽게 나불대지 않으면서
자신의 뜻을 굽히지 않으면서도
평화로운 숲속의 나무.
가르치지 않아도
존재의 이치를 아는 숲속의 나무.
흔들리고 때로는 부러져도
비바람이 풍성함을 시기해도
늘 꿋꿋한 숲속의 나무.

숲-II
어머니의 숲

숲은
아무 조건 없이
나를 안아주는
어머니 품입니다.

숲은
나의 피곤한 영혼을
살아 숨 쉬게 하고
평화로운 쉼을 주는
숭고하고
거룩하고
고마운 존재입니다.

숲-III
숲에서 나를 보다

고운 풀잎들이 다가오고 지나가고
굳센 나무들이 지나가고 다가오는
기꺼이 나에게 길을 터주는 숲

흙, 나무, 풀잎, 청량한 공기는
거기 그대로 있으면서
흙, 나무, 풀잎, 청량한 공기를
내가 다 품고 가지도록 허락하는
고마운 숲.

청량한 공기 내음과
지저귀는 새소리 내 안에 들어와
나의 머리와 가슴에 쌓인
모든 시름을 씻어주는
은혜 가득 찬 숲.

숲은

내 밖에도

내 안에도

가득하니

숲에서 나를 본다.

살아 있음

카페의 한구석
사람들이 시끄럽게
떠들고 있다.
귀를 막아 보아도
여전히 시끄럽다.
웃는 사람
화난 사람
슬퍼하는 사람
그런 모습에서
그들의 생명이
살아있음을 본다.
내가
고민에 빠져있는
지금 이 순간
나 또한
그들과 같음을 깨닫는다.

앞날

앞날을 알고 싶은가요?
앞날을 알면
호기심이 없어져요.
지나간 것을
되살리고 싶은가요?
그러면 추억이 없어져요.
앞날을 몰라야
창조가 가능하고
추억은 간직해야
아름다운 것이지요.

잠

눈을 감으면
소용돌이처럼
빨려 들어가는
깊고 깊은 늪.
결코 낯설지 않는
有와 無의 틈.
번뇌에 떠돌던
모든 영혼이
함께하는
피안의 안식처.

전사처럼

여름이 성큼 다가왔다.
지금 나는 전사처럼
여름과 대치 중이다.
무더위에 지쳐 지낼 것인가
열정과 에너지 충만한
뜨거운 여름을 보낼 것인가
눈앞에 나타난 여름이
나의 선택을 기다리고 있다.

오늘

내 평생 처음 맞는 오늘
내 평생 다시 오지 않을 오늘
내 평생 단 한 번뿐인 기회

하늘

잔디밭에 누워
텅 빈
하늘을 본다.
텅 비어도
꽉 찬 느낌
세상을 다 품은
하늘을 본다.
나는 지금
하늘 한가운데
있다.

행복

나는 행복하지 않습니다.
그런데, 나는 행복하지 않음을 알고부터
행복한 것이 무엇인지 깨닫게 되었습니다.
지금 나는 행복합니다.

4부

약속

드러머

　K는 서울의 한 음악카페의 드러머다. 30대 초반의 이 젊은 남성은 호남형으로 생겼다. 그는 스스로 상담받기를 원하며 나를 찾아왔다. 그는 드럼 연주를 할 때가 가장 행복한 시간이라고 했다. 나는 몰래 커피도 마실 겸 그 카페에 찾아가 연주하는 모습을 멀찌감치 본 일이 있다. 나의 생각으로는 그가 혼신을 다해 드럼을 연주할 때는 마치 명상가가 깊은 선정(禪定)에 들어있는 것처럼 드럼과 한 몸이 되어 있는 것 같았다. 앞날이 창창한 젊은 청년은 많은 대중들로부터 사랑받는 최고의 드러머가 되는 것이 꿈이다. 그를 만나면 항상 음악이야기로 꽃을 피운다.

　젊은 드러머인 그에게는 남모르는 고민이 있었다. 그는 동성애자였다. 음악을 좋아하며 꿈을 가지고 살아가는 청년의 성적 청체성에 대해 처음 들었을 때, 나는 적지 않게 놀랐다. 동성애자로의 성적 정체성은 누구나 인정하지만, 동성애자로서 그의 고민은 이성애자가 되고 싶은 것이었다. 그는 교회를 열심히 다니는 기독교 신자로서 신앙생활을 열심히 하고 있었다. 그는 가족을 위시해서 주변의 그 어느 누구도 자신이 동성애자란 사실을 모르며, 나에게 처음 말한다고 했다. 나는 처음 이성애자가 되고 싶은 것이 신앙과 관련이 있을 것이라 생각을 했지만 그의 사연은 달랐다. 매 주마다 교회에 가면 아기를 안고 기도하고 아기와 손잡고 다니는 한 젊은 부부의 모습을 보았다. 그들의 모습이 너무 행복해 보였다. 그리고 그 아기가 조금씩 자라는 것도 지켜 봐 왔다. 이 젊은 청년 드러머는 자신도 그들 부부처럼 좋은 여자를 만나 결혼해서 행복한 가정을 꾸미는 것이 그의 바램이 되었다.

나는 그의 동성애자로서의 생활에 관한 많은 이야기를 들을 수 있었다. 나는 그의 고민을 듣고 동성애에 관한 많은 서적과 자료를 찾아보았다. 하지만 동성애자가 이성애자로 변화하는 것은 참으로 어렵다는 사실도 알게 되었다. 그래서 나는 과연 이 호소 문제를 해결해 줄 수 있을까? 하는 걱정도 되었다. 우리는 동성애가 무엇인지, 동성애자의 생활이 어떠한지 그리고 이성애자가 되려면 어떻게 하면 좋을지 많은 대화를 나누었다. 이런 과정에서 대화의 정점을 찍는 일이 있어났다. 우리는 '훌륭한 드러머가 되는 것과 이성애자가 되는 것 중 어떤 것이 더 쉬울 것 같은가?'라는 주제로 이야기했다. 여기에서 그가 내린 결론은 최고의 드러머가 되는 것이 더 쉬울 것 같다고 말했다.

최고의 드러머가 된다는 것도 사실 대단히 어려운 것인데도, 그에게는 이성애자로 변화하는 것보다 최고의 드러머가 되는 것이 오히려 쉬운 일이 되어버렸다. 다음은 최고의 드러머가 되려면 어떻게 하면 좋은지 생각하며 많은 시간을 할애했다. 하지만 그런 목표를 달성하지 못할 수 있다는 것도 알고 있었다. 그러나 그에 개의치 않았다. 그는 결과보다 노력하는 과정이 중요하다는 것을 잘 알고 있었다.

그는 열심히 노력해서 많은 사람들에게 사랑받는 드러머가 되면, 자신의 희망인 이성애자가 되는 것도 한 발짝 나아갈 것이라고 했다. 훌륭한 드러머가 되는 것이 이성애자가 되기 위한 하나의 과정으로 생각하며, 음악에 열중하겠다고 했다.

상담을 종결하고 한 참 뒤에 그 젊은 드러머에게서 엽서가 왔다. 그는 지금 유럽에서 음악여행을 하고 있다고 했다. 혼자서 드럼을 치며 길거리 연주도 한다고 했다. 그는 내가 상상한 이상의 것을 실천하고 있었다. 나는 그의 꿈이 이루어지기를 기도해 주었다.

약속

 고등학교 1학년 수영특기생인 L이란 이름의 한 소년이 담임 교사의 권유로 상담실을 찾아왔다. L군은 첫 상담시간에 자신의 힘든 상황을 이야기하면서 많이 울었다. 남자 아이로서는 드물게 눈물이 많았다. 나는 말없이 휴지를 주며 마음으로 함께 울어주었다. 쏟아지는 눈물은 마치 그 아이의 오염된 삶의 해독 작용 같았다.

 L군은 가정 폭력이라는 너무도 견디기 힘든 환경을 경험하고 있는 청소년이었다. 또 여느 아이들처럼 진로에 대한 고민과 가치관의 혼란으로 방황하고 있었다. L군은 자신에게 행해지는 폭력으로부터 살아남기 위해서는 내가 먼저 공격해야 한다는 신념이 형성되었고, 반항과 공격성으로 자기 자신뿐만 아니라 주변 사람과 친구들을 힘들게 했다.

 평소 L군의 모습은 착하고 의젓한 청소년 남자아이 그대로였다. 울고 싶을 때 울고, 웃고 싶을 때 웃는 자신의 감정에 너무도 솔직한 순수한 아이였고, 감성도 남달리 풍부하였다. 우린 상담 기간 동안 울고 웃고 때론 심각하게 수많은 이야기를 했다. 어떤 때는 시간 가는 줄 모르고 상담시간을 넘길 때도 있었다.

L군은 미국해안경비대의 실화를 다룬 '더 가디언(The Guardian)'이란 영화의 주인공처럼 훌륭한 인명구조사가 되는 것이 꿈이었다. L군은 수영을 무척 좋아하고 잘 하였다. L군은 어릴 때부터 각종 수영대회에 참가하여 많은 수상을 했다. L군은 바다에서 사람의 생명을 구하는 일은 매우 보람 있는 직업일 것이라고 생각하고 있었다. 어떤 상담 시간에는 자신이 익힌 수영 기술을 설명하느라 시간 가는 줄을 몰랐고, 그때의 얼굴에서 행복감이 넘쳐흘렀다. 사실 늦은 나이에 수영을 배우느라 곤욕을 치르고 있었던 나에게는 흥미진진 이야기였다.

L군은 처음 폭력 부모로부터 대처할 수 있는 방법은 경찰에 신고하고, 가출하고, 힘으로 맞대응하며 또는 도망가는 등 오로지 반항하는 것뿐이었다. 그러나 시간이 갈수록 폭력을 이겨내는 것은 자신의 신변을 최대한 보호하면서, 보란 듯이 자신이 하고 싶은 일을 꼭 해내어 능력 있는 자식이라는 것을 부모에게 보여주는 것이라 생각하게 되었다.

상담이 어느 정도 진척이 되었을 때, 나는 '네가 졸업하는 시기에 선생님도 정년퇴직을 한다. 너도 지금처럼 열심히 노력하면, 졸업할 때는 너도 수상인명구조사가 되기 위한 준비가 되어있을 거라 믿는다. 그래서 우리가 상담하면서 수많은 대화를 했던 이 상담실에서 케이크에 촛불을 켜고 서로를 위하여 축하 파티를 하면 어떻겠니?라고 제의했다. L군은 환한 웃음과 흐뭇한 표정으로 기꺼이 그러자고 했다. 우린 서로 말없이 벅찬 마음으로 축하 파티를 하는 그 미래로 시간 여행을 하고 있었다. 그리고 우리는 그날 상담을 마무리했다.

어느덧 시간이 많이 지났다. 나는 교직 생활 마지막 해를 보내고 있었으며, 상담학 공부에 빠져들어 있었고, 퇴직준비로 바쁜 나날을 보내고 있었다. L군과 상담했던 때도 벌써 2년이 지나있었고, 그동안 수많은 아이들을 상담하였으니, L군을 잊고 있었다. 그런데 스승의 날 편지 한 통이 왔다. L군의 편지였다.

> 안녕하세요! 선생님! 저 L입니다. 기억하시는지 모르겠네요. 선생님 찾아뵙고 이런저런 하고 싶은 말이 너무 많고, 너무 뵙고 싶은데 학교 공부에 학원 다니며 수능 공부 하느라 시간이 없는 것 같아요. 어느새 고등학교 3년을 마무리하고, 졸업할 시간이 얼마 남지 않은 것 같아서 너무 섭섭한 것 같아요. 어쩌면 가장 친한 친구에게도 하지 못했던 말, 부모님께 하지 못할 이야기를 선생님께 참 많이 하면서 많이 울기도 하고, 웃기도 하면서, 정말 인생을 앞

으로 살아갈 때 유익한 말씀을 너무 잘해주셔서 항상 감사했습니다. 혹시 저와 상담하면서 했던 약속을 잊지 않으셨는지요? 졸업식 날 함께 상담실에서 케이크를 불면서 서로를 위로하고, 응원하자고 한 약속 저는 잊지 않고 그날만을 기다리고 있습니다. 낯선 환경에 와서 가정 사정, 대인관계에서 힘들어하고 서툴러 했던 저의 이야기를 들어주시고 항상 응원해 주셔서 감사합니다. 저의 앞으로의 꿈은 우주최강 수상인명구조사가 되는 것입니다. 학교 졸업하고도 자주 찾아뵐게요. 항상 건강하시고, 존경합니다. 선생님 사랑해요.

                0000년 0월. 너무 뵙고 싶습니다 ㅠㅠ

                선생님 덕분에 한 뼘 성장한 L 올림

어느덧 L군은 졸업반이 되어 있었다. 벌써 시간이 이렇게 지났나! L군과 약속했던 축하 파티할 때가 얼마 남지 않았구나. 시간이 참 빨리도 갔다. L군은 우리가 약속한 것을 이렇게 기다리고 있었구나. 벅찬 무엇이 나의 가슴으로부터 올라왔다.

편지를 읽고 L군에게 답장을 보냈다.

L! 너의 편지 반갑게 잘 읽었다. 이미 알고 있었지만 신기하게도 우리가 이 학교를 떠나는 시간이 같구나. 졸업식 날 꼭 축하 파티하자.

○○○선생님

L군은 ○○대학 응급구조학과에 합격하여 대학 생활의 꿈에 젖어 있었다. 그리고 대학에 다니면서 수상인명구조사, 잠수기능사, 인명구조응급처치 강사 등의 자격증을 따고, 군대는 해군 해난구조대(SSU)에 지원할 생각을 하고 있었다. 놀랍게도 내가 생각했던 것보다, 계획이 상당히 구체적이었다. 생각해보니 L군은 오로지 이때를 위해 열심히 노력하는 고등학교 시절을 보낸 것이 아닌가 생각되었다.

L군이 졸업하던 날, 우리는 케이크를 준비하여 서로를 축하해 주었다. 그 아이는 케이크 촛불을 불면서 또 눈물 많은 소년의 모습을 보였고 1학년때 담임교사와 나도 함께 울었다. 그리고 나는 며칠 뒤 정년퇴임을 했고 교직 생활을 마무리했다.

만다라

미술 수업, 만다라 그리기를 했다.

한 아이가 매우 빠르게 완성하고는 멍하니 앉아 있다. 아직 수업 시간이 많이 남아 있다.

'빨리 그렸네, 넌 생각과 행동이 참 빠르구나!'

'선생님, 잘 그렸죠?' 하며 그 학생의 표정이 멋쩍은 미소로 바뀐다.

'지금 남은 시간이 너에게는 어떤 가치가 있니?'

무슨 말이에요? 질문이 어렵다는 표정이다.

'지금 너에게 주어진 이 시간은 오로지 너의 것이다. 아무도 뺏을 수 없고 나누어 줄 수도 없다.'

눈을 반짝이며 고개를 끄덕인다. 약간은 이해한 듯하다. 그래도 어려운 말이었던 것 같다.

다시 물었다. '만약 시간이 인격체라면, 너는 지금 시간의 가치를 형편없이 평가하고 있는 거다. 그 시간이라는 놈의 기분이 어떨 것 같니?', '섭섭하게 생각할 거예요.' 바로 대답한다. 질문의 의미를 이해시키는데 진땀을 뺐다.

어느새 아이는 책상 서랍 속에서 책을 꺼내 공부를 시작했다. 교사로서 꼭 해주고 싶은 말은 많지만, 학생의 눈높이에서 설명하기에 어려움을 느꼈다. 그래도 포기하지 않았다.

'지금, 그 시간이 느끼는 기분을 너도 느껴보아라!'

'기분 좋아해요.'

'시간이라는 놈이 지금은 기분 좋아하는구나, 어떻게 해서 그렇게 되었을까?'

'자신을 알아봐 주고 가치 있게 해 주었으니까요.'

이 아이는 순발력이 좋다. 벌써 '가치'란 말을 사용할 줄 안다. 이런 아이를 만나다니 오늘 나는 운이 좋다.

'넌 정말 알아차리는 능력이 뛰어나구나!', 아이는 환한 미소를 짓는다.

'한 가지만 더 물어보고 싶다. 너와 너에게 현재 주어진 시간은 서로 다른 존재이니?', "아니요, 같아요!"

짧은 대답이지만 충분히 알아차린 것 같다.

'그래, 너와 너에게 주어진 시간은 별개의 존재가 아니란다. 네가 곧 시간이고, 지금 이 시간이 곧 너란다. 지나간 시간이나 다가올 시간은 결코 너의 것이 될 수 없다. 오로지 지금 이 시간만이 너의 것이란다. 네가 이 시간을 가치 있게 해 주었으니 너 또한 가치 있는 존재가 된 거지.' 말을 하면서 '이 말도 어려울

텐데'라는 생각이 들었고, 뭔가 더 가르쳐 주려는 나의 습관이 나타나고 있었다.

역시 아이는 내 말을 듣지 않고 이미 공부에 집중하고 있는 것 같았다. 그 아이는 수업 끝난 종이 쳤는데도 공부에 열중하고 있었다. 나는 방해될까 봐 교실을 조용히 나왔다. 하루를 끝내고 잠이 드는 시간에도 그 아이의 모습이 계속 떠올랐다.

배신

결혼한 지 3년이 된 30대 초반의 여성이 상담실을 찾아왔다. 그녀는 평범한 직장 여성이다. 교류분석 성격검사인 이고·오케이그램(Ego·OK gram) 검사 결과를 보면 당찬 성격에 배려심도 남달랐다. 그녀는 지금의 남편과 오랫동안 연애한 끝에 결혼하였다. 결혼하기 전이나 결혼 후나 그녀가 사랑하는 남자는 오직 지금의 남편뿐이라고 했다. 요즘 그녀의 고민은 그렇게 믿었던 남편이 다른 여자에게 관심을 주는 것 같아서 많이 힘들어 했다. 분노가 자꾸 일어나고 좀처럼 억제되지 않는다고 했다.

나는 그녀의 연애스토리가 궁금했다. 그녀의 남편은 경제적으로 어려운 가정에서 태어났다. 그래서 그는 대학진학을 포기하고 특성화고등학교에서 미용기술을 배웠다. 그녀의 남편은 자기가 보기에도 미용에는 천부적인 소질이 있어 보인다고 했다. 고등학교 시절에는 각종 미용 경진대회에서 많은 상을 타기도 했다. 그녀의 남편은 고등학교를 졸업 후 미용실에 취업하여 열심히 미용 실력을 연마했다. 그리고 부모님께 경제적

보탬이 되려고 노력했다.

  그녀의 남편이 미용실에 근무하던 중에 친구의 소개로 연애를 시작했다. 연하의 남자였다. 그녀는 남편이 너무 착하고 성실하여 사귀기 시작했다. 미용실에서 손님을 대하는 데서 배운 탓인지 예의바른 행동이 몸에 배어있었다. 연애기간은 꽤 길었다. 그리고 서로 결혼까지 약속했다. 그러던 중에 그녀는 남자친구에게 대학에 갈 것을 권유했고, 부족한 학비를 기꺼이 보태주었다. 대학 졸업 후 미용실을 개업하는데 필요한 경비도 마련해 주었다. 그리고 어엿한 미용실 사장이 된 남편이 너무나 대견스러웠다. 미용실을 개업하면서 둘은 결혼을 했다. 남편은 미용실을 운영하면서도 국제미용대회에 나가 여러 번 수상하기도 했다. 그리고 미용실은 나날이 번창하여 직원도 많아졌다.

  직업이 다른 부부는 낮에는 서로 다른 직장에서 일을 하고 있었다. 남편을 워낙 신뢰하던 그녀는 미용실을 잘 운영하려니 믿고, 미용실에는 자주 가지 않았다. 그러던 어느 날 그녀는 좀 일찍 퇴근한 일이 있었는데 그 때 충격적인 장면을 목격했다. 그녀의 남편과 미녀로 소문난 미용실 팀장과 다정하게 라면을 끓여 먹고 있었다. 본래 당차고 똑 부러진 그녀는 그냥 넘어갈 수 없었다. 그날 저녁 남편과 심하게 다투었다. 직장일로 인해 둘 다 늦게 퇴근하는 날이 많았는데, 알고 보니 그런 일이 여러 번 있었다. 남편은 그녀와 같이 출장을 나온 날 주로 그런 일이 있었고 출장경비를 절약하느라 식당에 가지 않고 마침 미용실과 가까운 우리 집으로 와서 라면을 끓여 먹거나 하면서 식사를 해결했다고 했다. 하지만 그녀는 미용실 여직원과 다정히 라면을 먹는 장면 외에는 아무것도 생각나지 않았다. 그리고 온갖 상상으로 견딜 수 없었다.

그녀는 남편에 대한 배신감으로 분노를 억제할 수 없었다. 매번 그녀는 남편을 공격하고, 남편은 변명하다가 화를 내고, 서로 하고 싶은 말만 계속했다.

나는 교류분석의 대화분석을 통한 의사소통 방법을 교육하기로 했다. 그녀는 이런 의사소통 방법을 처음 듣는다고 하며, 많은 관심을 가졌다. 몇 회기 동안 열심히 대화분석을 가르치고 그녀는 열심히 배웠다. 교류분석의 의사소통 방법에서 상보교류라는 것은 쉬운 말로 상대가 듣고 싶어 하는 말을 해 주는 것이다. 상대의 말을 듣지 않고 자신이 하고 싶은 말만 하는 것을 교차교류라 한다. 교차교류를 하게 되면 대화는 중단되고 갈등과 싸움만 일어난다. 그러나 상보교류를 하면 누구든지 대화를 지속할 수 있다. 상보교류는 하나의 대화 기술로는 효과가 없으며 상대를 깊이 있게 공감하고 이해하는 가운데 효과가 일어난다. 그녀는 남편과의 대화에서 적용해 보려고 노력했는데, 처음에는 잘 되지 않았고 오히려 싸움이 더 일어났다. 익숙하지 않은 상보교류를 실천하기가 여간 어려운 것이 아니었다.

나는 그래도 실망하지 말고 계속 실천하라고 했다. 그녀는 남편이 진정으로 듣고 싶어 하는 말이 무엇일까? 많은 고민을 했다. 시간이 지나면서 조금씩 효과가 나타났다. 내가 듣고 싶은 말은 '내가 화가 났다'는 사실을 알아주는 것이었는데, 한 번은 남편이 '당신이 얼마나 화가 났는지 이제 좀 알겠다.'라는 말을 했다고 했다. 그녀는 남편이 어떻게 반응하던 옛날 연애하던 시절을 떠올리며 의사소통 방법을 열심히 실천했다. 드디어 조금씩 대화가 되기 시작했다.

그녀는 가끔 실수도 하지만, 열심히 노력하고 있으며, 점점 싸움이 줄어든다고 했다. 그리고 상대의 행동에 변화를 일으키게 하는 '나 전달법'을 가르쳤다. '나 전달법'은 일반적으로 꽤 알려진 의사소통의 한 방법인데도 그녀는 처음 듣는 말이라고 했다. 그녀는 '나 전달법'도 실천했다. 이 시점에서 남편도 여러 번 상담에 참여 했고 부부관계는 나날이 개선되어갔다.

그들 부부에게 옛날의 연애시절처럼 돌아가는데는 시간이 걸리고 난관도 있을 것이다. 그러나 본래부터 성실하고 착한 사람들이었기 때문에, 틀림없이 다시 사랑하는 부부로 거듭날 것이며, 이런 진통의 과정이 그들의 삶을 더욱 성숙하게 하는 계기가 될 것이라 믿는다.

이 도서의 국립중앙도서관 출판예정도서목록(CIP)은 서지정보유통지원시스템 홈페이지(http://seoji.nl.go.kr)와 국가자료공동목록시스템(http://www.nl.go.kr/kolisnet)에서 이용하실 수 있습니다. (CIP제어번호 : CIP2019047643)

불안 자기치유

초판 1쇄 발행 2020년 1월 1일

지은이 해우

펴낸곳 책나무출판사 **펴낸이** 임병천
출판신고 2004년 4월 22일(제318-00034)

주소 서울시 영등포구 신길3동 325-70 3F
전화 02-338-1228 **팩스** 0505-866-8254
홈페이지 www.booktree.info

ⓒ 해우 2019
ISBN 978-89-6339-639-2 03810

*이 책의 판권은 지은이와 책나무출판사에 있습니다.
*양측의 서면 동의 없는 무단 전재 및 복제를 금합니다.
*잘못된 책은 바꿔드립니다.